ESCUELA DE PROFETAS

VOLUMEN I:
INTERCESIÓN PROFÉTICA

ESCUELA DE PROFETAS

VOLUMEN I: INTERCESIÓN PROFÉTICA

por
Wayland Henderson

ACADEMIA
DEL REINO
Un Ministerio de Cruzadas por la Libertad

Academia del Reino

Diseño interior por Uberwriters, LLC.
www.uberwriters.com

A menos que se indique lo contrario, las citas de las Escrituras son de La Biblia Reina Valera® (La Santa Biblia, RVR), © 2008 de Crossway, un ministerio editorial de Good News Publishers. Utilizada con permiso. Todos los derechos reservados.

Las citas de las Escrituras indicadas como (Biblia Versión Septuaginta en español) son de la Biblia Version Septuaginta en español de Natalio Fernández Marcos y María Victoria Spottorno Díaz © Translators

Todos los énfasis están en cursiva y se indican entre paréntesis (énfasis es mío).

Todas las adiciones entre paréntesis se indican de la siguiente manera: (las adiciones entre paréntesis son mías).

Volumen I: Intercesión Profética: ISBN: 979-8-9905960-1-6
Volume I: Prophetic Intercession: ISBN: 979-8-9905960-0-9

Contenido

Prefacio

Este manual es parte del cumplimiento de lo que Dios me mostró antes de 2020 como parte de un tiempo de reforma en la iglesia que impactaría a todo el mundo. El Señor dijo que la intercesión desempeñaría un papel importante en la reforma venidera que comenzaría en la década de 2020 y que, a través de la intercesión, en su Iglesia nacería el avivamiento y la reforma. A través de la oración recibiremos planos de construcción y seremos testigos de una sacudida global en la que Su voz hablará y estremecerá todo lo que no sea del Reino.

A lo largo de la historia de la Iglesia, la oración siempre ha precedido al avivamiento y la reforma. Eso lo podemos observar a través de los grandes movimientos del Espíritu a lo largo de la historia, como el avivamiento galés de 1904, o el de la calle Azusa de 1905, o el de grandes hombres como Charles Finney. Un despertar del deseo de orar ha precedido al avivamiento. Si el Padre Nash no hubiera visitado ciudades y naciones y orado antes de la llegada de Charles Finney, las cosas habrían sido diferentes. En el libro de los Hechos, la Iglesia nació en un aposento alto.

Este manual es un plano para crear aposentos altos que se conviertan en lugares de nacimiento de un nuevo movimiento del Espíritu de Dios en cada nación de aquellos que pongan en práctica estas verdades. Oro para que el Espíritu Santo traiga una revelación fresca para cada líder e iglesia que utilice este manual para Su gloria. Por último, quiero compartir la palabra profética que recibí a finales de 2019 y que me guió a crear este manual. En él también compartiré una parte del libro *Intercessor*[1] de Reese Howells porque está relacionado con esta profecía.

¡Qué el Cordero reciba la recompensa de Sus sufrimientos!

---

1   Grubb, Norman. 2016. *Rees Howells, Intercessor.* CLC Publications.

Los pozos de Gales se abren (enero de 2020)

Rees Howells fundó el Instituto Bíblico de Gales y fue un pionero contemporáneo de la oración de intercesión. Howells, impactado profundamente por el avivamiento galés de 1904-1905, fundó el histórico e influyente Instituto Bíblico de Gales en 1924. Bajo su ferviente liderazgo, el instituto se convirtió en un centro de avivamiento que encendió la pasión por el Evangelio y el poder del Espíritu Santo a nivel mundial. Muchos líderes espirituales poderosos emergieron de la institución y llevaron la llama del avivamiento a todos los continentes. Tras un largo período de cierre, el instituto fue adquirido en 2012, reformado y reabierto por la Iglesia Cornerstone, con sede en Singapur.

En su paso por el instituto, el poderoso impacto intercesor de Howells alteró el curso de los acontecimientos durante la Segunda Guerra Mundial. Esta poderosa declaración resuena en los tiempos que estamos viviendo actualmente: «Quiero saber que el Espíritu Santo es más fuerte que el diablo en el sistema nazi. Esta es la batalla de los siglos, y la victoria aquí significa la victoria para millones de personas».

Desde hace algún tiempo, oigo en mi espíritu la frase: «Se están abriendo los pozos de Gales». Dios utilizó a Rees Howells y a una generación joven en el Instituto Bíblico de Gales de una forma sin precedentes para dar forma a los acontecimientos internacionales y al destino de las naciones mediante la intercesión. Cuando el mundo estaba en crisis durante la Guerra Mundial, su intercesión fue la solución.

La reapertura del Instituto de Gales sirvió de señal a nuestra generación. Sin embargo, en esta nueva era, Dios está abriendo los pozos de la intercesión *en todo el mundo*. Se establecerán centros del Reino en lugares estratégicos, como embajadas del Reino donde convergen el cielo y la tierra. El vientre de la intercesión dará a luz un derramamiento de limpieza para exponer y destruir las obras del enemigo a nivel internacional.

La década de 2020 será un momento de alumbramiento mediante la declaración de lo que nos ha hablado según Su gloria.

Lamento y quebranto

Actualmente, hay un remanente que escucha la voz del Señor y que fue convocado al Instituto de Gales para recibir la impartición del «lamento y quebranto por la liberación y el destino de las naciones». Al igual que el Instituto de Gales se convirtió en un referente de autoridad en tiempos de crisis a principios del siglo XX, Dios nos invita a ser la solución en medio de la crisis mundial que se avecina. Veremos institutos de intercesión que se levantarán como vientres proféticos caracterizados por gemidos y dolores de parto hasta que llegue la reforma en la que veamos a Cristo totalmente modelado en las regiones y naciones asignadas. Cristo está preparando a Su cuerpo eclesiástico para el trabajo que le ha sido asignado en las regiones y naciones. Estos centros darán a luz la autoridad del Reino en todas las naciones a quienes hayan entregado completamente su vida a la oración.

N.T. Wright hizo referencia a esta realidad venidera en su declaración:

> Toda la creación de Dios gime con dolores de parto, dice Pablo, esperando que del vientre nazca el nuevo mundo. La Iglesia, el pueblo de Dios en el Mesías, forma parte de esto, pues nosotros también gemimos anhelando la redención. (Pablo hablaba, unos versículos antes, de compartir los sufrimientos del Mesías. ¿Tenía, tal vez, Getsemaní en mente?) La oración cristiana más característica es cuando nos encontramos atrapados en la intersección de los siglos, formando parte de la creación que anhela un nuevo nacimiento.[2]

---

2   Nicholas Thomas Wright. 2011. *Sorprendidos por la esperanza: Repensando el cielo, la resurrección y la vida eterna.* The Crossroad Publishing Company.

SECCIÓN PRIMERA

Fundamentos de la oración y la intercesión

¿Qué es la oración de intercesión?

Las dos siguientes citas sirven de base para definir la oración de intercesión:

> «Dios moldea el mundo mediante la oración. Cuanta más oración haya en el mundo, mejor será el mundo, más poderosas serán las fuerzas contra el mal. . . Las oraciones de los santos de Dios son el capital social del cielo por el que Dios condiciona la vida misma y la prosperidad de Su causa a la oración».
> E.M. Bounds

> «La historia le pertenece a los intercesores, a quienes creen y oran para que nazca el futuro».
> Walter Wink

Ahora bien, la oración, en términos sencillos, es comunión con Dios. Adán, el primer hombre, comulgó y se comunicó con Dios cara a cara en el jardín del Edén.

En el cristianismo, existen varios tipos de oraciones que los creyentes utilizan para comunicarse con Dios, expresar su fe, buscar dirección, alabar y dar gracias. Estos son algunos tipos comunes de oraciones en el cristianismo:

1. Adoración

Las oraciones de adoración se centran en alabar y adorar a Dios por Su grandeza, santidad y majestad. Estas oraciones reconocen la supremacía de Dios y expresan reverencia y temor hacia Él.

2. Confesión

Las oraciones de confesión consisten en reconocer y arrepentirse de los pecados ante Dios. Los creyentes confiesan sus malas acciones, buscan el perdón y expresan arrepentimiento por sus actos.

3. Acción de gracias

Las oraciones de acción de gracias son expresiones de gratitud y agradecimiento hacia Dios por Sus bendiciones, provisión y oraciones previamente respondidas. Los creyentes dan gracias por las bendiciones espirituales y materiales en su vida.

4. Súplica

Las oraciones de súplica consisten en hacer peticiones y solicitudes a Dios. Los creyentes llevan sus necesidades, preocupaciones y deseos ante Dios, y buscan Su ayuda, guía e intervención en diversos aspectos de sus vidas.

5. Liturgia

Las oraciones litúrgicas son oraciones formales y forman parte de los servicios de culto y rituales cristianos. Estas oraciones suelen estar estructuradas y seguir un orden concreto, como el Padrenuestro o las oraciones incluidas en los programas litúrgicos.

6. Oración contemplativa

Las oraciones contemplativas implican meditar en silencio, reflexionar y estar atento a la presencia de Dios. Este tipo de oración se centra en estar quieto ante Dios, buscar la comunión espiritual y discernir Su voluntad.

7. Oración de fe

La oración de fe es una oración sincera y llena de confianza en el poder y la capacidad de Dios para responder a las oraciones según Su voluntad. Los creyentes oran con fe, creyendo que Dios todo lo puede.

8. Oración de alabanza

Las oraciones de alabanza son expresiones de gozo, celebración y regocijo por la bondad y la fidelidad de Dios. Los creyentes alaban a Dios por quién es y por la forma tan poderosa en la que actúa en sus vidas y en el mundo.

9. Oración de intercesión

Las oraciones de intercesión son oraciones que se hacen en nombre de los demás. Los creyentes oran por el bienestar, la salvación, la sanidad y la protección de los demás, y presentan a Dios sus necesidades y preocupaciones.

En este libro, nos centraremos en la oración de intercesión profética. El acto de intercesión es la capacidad de servir como puente entre dos personas que están separadas y traer la unidad, la paz y la reconciliación. Al igual que un pilar en un edificio conecta el tejado con el suelo, la intercesión es un pilar de reconciliación entre el cielo y la tierra. Es el pilar que conecta el cielo y la tierra. Por tanto, el intercesor se convierte en el punto de conexión y superposición entre el cielo y la tierra.

El diseño original: la creación como templo de Dios

Teniendo en cuenta que la intercesión es un pilar que conecta el cielo y la tierra, es importante comprender el significado del diseño de la creación y las implicaciones de autoridad que conlleva. El libro del Génesis describe el diseño literario de la creación como templo de Dios. Dios tardó siete días en terminar la creación, lo cual es importante en el antiguo mundo israelita porque los templos se dedicaban con una ceremonia de siete días. Esto no solo fue así en el primer templo construido por Salomón y dedicado a Dios, sino que era la costumbre de las naciones vecinas que rodeaban a Israel (Levítico 8:33-35, I Reyes 8:2, 8:65, Ezequiel 43:25-27).

Lo fascinante es que el diseño del Tabernáculo también está relacionado con el diseño de la creación. Considera las siguientes ilustraciones:

- El atrio corresponde a las aguas (Génesis 1:10).

- El lugar santo corresponde a la tierra: árboles, animales y seres humanos (Génesis 1:9; 11-12, 24-25, 26-27).

- El lugar santísimo corresponde a los cielos (Génesis 1:6-8).

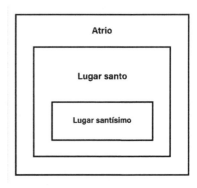

En la antigüedad, cuando las personas adoraban, colocaban estatuas de sus dioses en el corazón o centro de su templo. Ese es el lugar donde Dios colocó a la humanidad dentro de Su templo, la creación misma, a quien hizo a su imagen y semejanza.

El lenguaje de Génesis define toda la creación como templo de Dios y, en el centro de la creación, Dios crea otro templo llamado jardín del Edén.

Observa cómo el diseño del Tabernáculo también representaba al jardín del Edén:

- El atrio corresponde a la tierra del Edén (Génesis 2:8).

- El lugar santo corresponde al jardín del Edén (Génesis 2:8).

- El lugar santísimo corresponde al árbol de la Vida en el centro del jardín (Génesis 2:9).

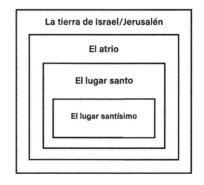

Además, el diseño del Tabernáculo y del templo incorporaba imaginería de jardín, como árboles y querubines. Esto indicaba que el trabajo de los sacerdotes en el Tabernáculo y el templo reflejaba la intercesión sacerdotal de Adán en el templo del jardín.

Adán y Eva como sacerdotes

Como se mencionó anteriormente, Adán caminaba en continua comunión y comunicación con Dios, cumpliendo la voluntad y los propósitos del Señor en la tierra. Adán era un intercesor. Si el primer Adán fue un intercesor, ¿qué correlación hay con el último Adán, que fue el primogénito entre muchos hermanos?

> Así también está escrito: Fue hecho el primer hombre Adán alma viviente; el postrer Adán, espíritu vivificante.
> 1 Corintios 15:45

Dios colocó a Adán en el Edén para que lo labrara y lo cuidara, porque el primer hijo era sacerdote de Su templo en el jardín (Génesis 2:15). Si estudias el hebreo, el trabajo empleado para cultivar y cuidar el jardín es similar al trabajo de los sacerdotes en el Tabernáculo (Números 3:7-8; 8:25-26). Adán era el mediador de Dios y, al igual que Dios caminaba por el huerto manifestando Su presencia (Génesis 3-8), la presencia de Dios se describía del mismo modo en el Tabernáculo. Considera los siguientes versículos:

> Y oyeron la voz de Jehová Dios que se paseaba en el huerto, al aire del día; y el hombre y su mujer se escondieron de la presencia de Jehová Dios entre los árboles del huerto.
> Génesis 3:8

> [11] Y pondré mi morada en medio de vosotros, y mi alma no os abominará; [12] y andaré entre vosotros, y yo seré vuestro Dios, y vosotros seréis mi pueblo.
> Levítico 26:11-12

Adán y Eva vivían en el jardín del Edén, donde el cielo y la tierra se encontraban y donde se reunían los reinos invisible y visible. En el plan original de la creación, el cielo y la tierra nunca debieron estar separados. El jardín del Edén era la morada de Dios y el lugar desde el que gobernaba en la tierra. Era un espacio sagrado, un lugar santo y santificado, donde la humanidad fue invitada a morar con Él.

El trabajo de Adán como hijo se describe en Génesis 1:26-28:

[26] Entonces dijo Dios: Hagamos al hombre a nuestra imagen, conforme a nuestra semejanza; y señoree en los peces del mar, en las aves de los cielos, en las bestias, en toda la tierra, y en todo animal que se arrastra sobre la tierra. [27] Y creó Dios al hombre a su imagen, a imagen de Dios lo creó; varón y hembra los creó. [28] Y los bendijo Dios, y les dijo: Fructificad y multiplicaos; llenad la tierra, y sojuzgadla, y señoread en los peces del mar, en las aves de los cielos, y en todas las bestias que se mueven sobre la tierra.

Los primeros humanos tuvieron el privilegio de permanecer continuamente en la presencia de Dios como sacerdotes e intercesores, cultivando el espacio sagrado del templo del jardín, donde convergían el cielo y la tierra. Como se mencionó anteriormente, caminar con Dios significaba que Su presencia estaba entre los sacerdotes. Caminar con Dios también describe la comunión, intimidad y estilo de vida.

Como intercesores, no podemos comunicar lo que Dios desea hacer si no conocemos Su corazón. No podemos conocer Su corazón si no caminamos con Él. Por lo tanto, la intercesión no es solo una forma de orar, sino una forma de vivir. La intercesión es un *estilo de vida* en el que aprendemos a acercar el cielo y la tierra esforzándonos continuamente por reflejar la imagen de Dios, manifestada a través de Su Hijo Jesús. Cuando caminamos con Dios, el sacerdote-intercesor aprende a caminar en comunión con Dios hasta ser transformado por Él. Como Adán, el intercesor está llamado a cultivar Su presencia y a reflejar Su Imagen.

La caída y el camino hacia la redención
La caída del hombre en el jardín abrió un camino de redención y restauración de la función de la humanidad como intercesora de la creación visible. Es fundamental que la iglesia lo comprenda.

Es importante comprender que el *ministerio de la intercesión no es un trabajo para un número reducido de personas*. No existe ninguna base bíblica en la que se mencione que una persona reciba el manto de intercesor. *Esto se debe a que la Iglesia está llamada a ser intercesora.*

Al igual que Adán, hijo de Dios, fue llamado sacerdote, la Iglesia del primogénito, hecha a imagen del Hijo, heredó el papel de intercesora. Ahora, la iglesia es el puente intercesor en la intersección de la separación entre Dios y Su creación, mediante el ministerio de la reconciliación (2da Corintios 5:18).

Jesús, a quien Pablo se refiere como el último Adán (1ra Corintios 15:45), restauró y terminó lo que comenzó con el primer Adán. La Iglesia no es solo un lugar donde nos reunimos semanalmente, ¡la Iglesia es la primicia de lo que será la nueva creación, hecha a imagen del último Adán!

Puntos para recordar:

- Mediante Su encarnación y muerte, Jesús unió lo que la desobediencia en el jardín separó. Restableció la unión con Dios y el rol de la creación como Su templo.

- La intercesión no es tarea de unas pocas personas llamadas al ministerio de la intercesión.

- No hay base bíblica en la que se fundamente que alguien reciba el manto de intercesor. Esto se debe a que la Iglesia en su conjunto está llamada a ser intercesora.

- Como intercesores, no podemos comunicar lo que Dios desea hacer si no conocemos Su corazón. La intercesión no es solo una forma de orar, sino un estilo de vida.

- La intercesión es un estilo de vida en el que aprendemos a unir el cielo y la tierra reflejando la imagen de Dios, manifestada a través de Su hijo Jesús.

SECCIÓN SEGUNDA
Profetas e intercesores – la intercesión profética

Profetas e intercesión

Es importante destacar que el primer lugar en las Escrituras donde se utiliza la palabra «profeta» describe un acto de intercesión: Ahora, pues, devuelve la mujer a su marido; porque es profeta, y orará por ti, y vivirás . . . (Génesis 20:7a).

Durante la época de escasez, cuando Dios les había ordenado a Abraham y a Sara que huyeran a Egipto, el rey Abimelec tomó a la mujer de Abraham, Sara, porque Abraham le dijo a Abimelec que era su hermana. Entonces, Dios se presentó al rey en sueños para advertirle de su transgresión. Lo que Dios dice es contundente: «. . . devuélvele a ese hombre su mujer, pues es profeta, para que ore por ti, y vivirás».

La palabra «orar» utilizada en este versículo es la palabra hebrea *pālal*,[3] que significa principalmente interceder o mediar. La primera escritura que define lo que hace un profeta es la palabra intercesión. Por lo tanto, la intercesión es profética. Esto no significa que todo intercesor sea profeta, pero no se puede ser profeta sin ser intercesor.

Esto supone que, al igual que el cuerpo de Cristo está destinado a ser profético, la Iglesia en su totalidad está llamada al ministerio de la intercesión. Considera lo importante que es que Dios llamara a Abraham y a Sara para que dieran a luz una descendencia que bendijera a las naciones. La semilla de Abraham y Sara sería el origen profético de la reconciliación entre Dios y Su creación.

---

3   *pālal* — Léxico hebreo Strong # H6419

Y haré de ti una nación grande, y te bendeciré, y engrandeceré tu
nombre, y serás bendición.
Génesis 12:2

Fue a través del hijo de Abraham, Isaac, y de su nieto, Jacob, como
Dios acabaría estableciendo a Israel como nación. Mientras Jacob viajó
a Harán, cayó la noche y se detuvo a dormir en el campo. Allí se encontró
con el Dios de sus padres en un sueño:

> [11] Y llegó a un cierto lugar, y durmió allí, porque ya el sol se había
> puesto; y tomó de las piedras de aquel paraje y puso a su cabecera,
> y se acostó en aquel lugar. [12] Y soñó: y he aquí una escalera que
> estaba apoyada en tierra, y su extremo tocaba en el cielo; y he aquí
> ángeles de Dios que subían y descendían por ella. [13] Y he aquí,
> Jehová estaba en lo alto de ella, el cual dijo: Yo soy Jehová, el
> Dios de Abraham tu padre, y el Dios de Isaac; la tierra en que estás
> acostado te la daré a ti y a tu descendencia. [14] Será tu descendencia
> como el polvo de la tierra, y te extenderás al occidente, al oriente,
> al norte y al sur; y todas las familias de la tierra serán benditas en
> ti y en tu simiente. [15] He aquí, yo estoy contigo, y te guardaré por
> dondequiera que fueres, y volveré a traerte a esta tierra; porque
> no te dejaré hasta que haya hecho lo que te he dicho. [16] Y despertó
> Jacob de su sueño, y dijo: Ciertamente Jehová está en este lugar, y
> yo no lo sabía. [17] Y tuvo miedo, y dijo: ¡Cuán terrible es este lugar!
> No es otra cosa que casa de Dios, y puerta del cielo.
> Génesis 28:11-17

Jacob descubrió que la herencia que había recibido de Abraham era
que su familia era un punto de conexión entre el cielo y la tierra. Esto
quedó claramente representado por la escalera por la que ascienden y
descienden los ángeles. La descendencia de Abraham estaba llamada a
ser un pilar que conectara el cielo y la tierra.

La verdadera simiente de Abraham es Cristo
En su evangelio, la descripción que hace Juan del encuentro de Jesús con
Natanael tiene una correlación significativa con la escalera de Jacob:

> [47] Cuando Jesús vio a Natanael que se le acercaba, dijo de él: He aquí
> un verdadero israelita, en quien no hay engaño. [48] Le dijo Natanael:

¿De dónde me conoces? Respondió Jesús y le dijo: Antes que Felipe te llamara, cuando estabas debajo de la higuera, te vi. [49] Respondió Natanael y le dijo: Rabí, tú eres el Hijo de Dios; tú eres el Rey de Israel. [50] Respondió Jesús y le dijo: ¿Porque te dije: Te vi debajo de la higuera, crees? Cosas mayores que estas verás. [51] Y le dijo: De cierto, de cierto os digo: De aquí en adelante veréis el cielo abierto, y a los ángeles de Dios que suben y descienden sobre el Hijo del Hombre.
Juan 1:47-51

Pablo les dijo a los gálatas que la descendencia de Abraham no era descendencia ni simiente (en plural), sino *una* descendencia y simiente que era el propio Cristo (Gálatas 3:16). Por lo tanto, *Jesús es la escalera por la que ascienden y descienden los ángeles*. Él es el pilar que une el cielo y la tierra. Intercesión es Dios el Verbo habitando entre la creación en un cuerpo humano. Yo lo llamaría intercesión encarnada o intercesión vivida. Si la oración es comunión con Dios, entonces llega un momento en el camino de la madurez en el que aprendemos a vivir un estilo de vida continuo de comunicación con Dios. Si Jesús lo hizo así, también debería hacerlo Su Iglesia, el cuerpo de Cristo. Por eso la intercesión no es solo orar por los demás. Es una oración que se vive como un estilo de vida.

Podemos pensar que en este estilo de vida la comunión aumenta la comunicación. La intimidad diaria con Jesús a través del poder del Espíritu Santo significa que comprendemos el lenguaje del cielo. Los ángeles que ascienden y descienden sobre Jesús son una invitación para que Su cuerpo haga lo mismo. Para el intercesor, la comunión con el cielo consiste en comunicar cómo es el cielo en la tierra en palabra y estilo de vida.

Puntos para reflexionar

- Juan relata el momento en que Jesús le dijo a Natanael: «En verdad, en verdad te digo que verás el cielo abierto y a los ángeles de Dios subiendo y bajando sobre el Hijo del Hombre». Ésta es una clara referencia a que Jesús es la escalera de Jacob. Por tanto, la herencia de la descendencia de Abraham es su linaje que es el pilar que reconecta el cielo y la tierra.

11

- Según Pablo, Cristo es la simiente de Abraham. La salvación nos une a Cristo, haciéndonos coherederos suyos.

Oración de herencia

La oración de Pablo a los Efesios está poderosamente relacionada con la herencia que, como creyentes, recibimos a través de Jesús, la semilla de Abraham. Pablo eleva esta oración de herencia como intercesor para que se revele nuestra unión con el Padre a través de Su Hijo, Jesús.

> [15] Por esta causa también yo, habiendo oído de vuestra fe en el Señor Jesús, y de vuestro amor para con todos los santos, [16] no ceso de dar gracias por vosotros, haciendo memoria de vosotros en mis oraciones, [17] para que el Dios de nuestro Señor Jesucristo, el Padre de gloria, os dé espíritu de sabiduría y de revelación en el conocimiento de él, [18] alumbrando los ojos de vuestro entendimiento, para que sepáis cuál es la esperanza a que él os ha llamado, y cuáles las riquezas de la gloria de su herencia en los santos, [19] y cuál la supereminente grandeza de su poder para con nosotros los que creemos, según la operación del poder de su fuerza, [20] la cual operó en Cristo, resucitándole de los muertos y sentándole a su diestra en los lugares celestiales, [21] sobre todo principado y autoridad y poder y señorío, y sobre todo nombre que se nombra, no solo en este siglo, sino también en el venidero; [22] y sometió todas las cosas bajo sus pies, y lo dio por cabeza sobre todas las cosas a la iglesia, [23] la cual es su cuerpo, la plenitud de Aquel que todo lo llena en todo.
> Efesios 1:15-23

En esta poderosa oración de intercesión, Pablo utiliza frases interesantes como «Dios de nuestro Señor Jesucristo» y «Padre de gloria», porque al igual que Yahvé es el Dios de Abraham, Isaac y Jacob, a través de Jesús, la semilla de Abraham, Pablo les dice a los gentiles que ellos también son herederos a través de Jesús. Él no es solo el Rey de Gloria, sino que es para nosotros el Padre de Gloria, ¡porque Su gloria es nuestra herencia!

¿Sabías que tú también puedes orar así? Claro que puedes. Por ejemplo, he basado la siguiente oración en Efesios 1:15-23 con algunos de mis propios énfasis. ¡Vamos a orar!

Dios de nuestro Señor Jesucristo, Padre de Gloria, danos espíritu de sabiduría y revelación en el conocimiento de Ti,

Para que los ojos de nuestro corazón se inunden de la luz-vida de Jesús, la Palabra de Vida que brilla en las tinieblas,

Para que conozcamos la esperanza y la expectación a las que estamos llamados como santos de luz,

Para que conozcamos por revelación cuáles son las riquezas de la herencia de gloria en los santos que ahora son tu espacio sagrado,

y la trascendente y supereminente grandeza de Su poder (dominio y fuerza) para con nosotros los que creemos, según la operación de su gran poder,

La misma fuerza y poder que nuestro Padre obró en Cristo cuando lo resucitó de entre los muertos y lo sentó a Su diestra en los lugares celestiales,

Muy por encima de todo gobierno, autoridad, poder y dominio, y por encima de todo nombre que se nombra, no solo en este siglo, sino también en el venidero.

Te doy gracias por haber puesto todas las cosas bajo los pies de Jesús y haberlo convertido en cabeza sobre todas la Iglesia, que es Su cuerpo, la plenitud de aquel que todo lo llena en todo.

Amén.

Perfil profético: Jeremías profeta, sacerdote e intercesor

El profeta Jeremías es un buen ejemplo de la relación entre lo profético y la intercesión. Jeremías, quien era hijo del sacerdote de Anatot Hilcías, era sacerdote y profeta. Su función sacerdotal de intercesión formaba parte de su llamado profético para con el pueblo de Israel. Para ser profeta y hablar en nombre de Dios, debía reunirse con Dios en Su consejo (Jeremías 23:18). El juicio de Jeremías contra los profetas y sacerdotes que no estaban en el consejo del Señor nos da una idea de cómo debería de ser la función pura:

Porque tanto el profeta como el sacerdote son impíos; aun en mi casa hallé su maldad, dice Jehová.
Jeremías 23:11

Los profetas y sacerdotes fueron ungidos y consagrados para ser agentes santificadores en la casa de Dios. Los profetas debían reunirse con Dios en Su consejo, donde el Señor compartía Sus secretos (Amós 3:7). Los profetas eran invitados al consejo de Dios para recibir una visión de lo que Él deseaba hacer. Son esas mismas palabras las que cambian al profeta y lo impulsan a interceder. La intercesión puede ser doble. En primer lugar, los profetas interceden por un futuro mejor que Dios les ha mostrado en medio de la oscuridad, la esclavitud y la desobediencia. En segundo lugar, los profetas también intercedían para que el pueblo de Dios se arrepintiera y evitara el juicio de Dios.

Cuando Dios llamaba a los profetas a Su consejo, les decía: «vino a mí la palabra de Jehová . . .». En Jeremías 1:4 vemos un ejemplo de ello: «Vino, pues, palabra de Jehová a mí, diciendo . . .». La frase «La Palabra de Jehová» no se refiere solo a algo que oyeron, sino a una Persona con la que se encontró el profeta. John Behr lo explica así:

> «La expresión "la Palabra de Dios" no se refería a las escrituras, como se suele suponer hoy en día, sino a Jesucristo, crucificado y exaltado, y al Evangelio que lo proclama como Señor».[4]

En las primeras líneas de su evangelio, Juan, el discípulo amado, hace una afirmación importante al declarar que Jesús es el Verbo de Dios. Él dijo que en el principio era el Verbo, que no solo estaba con Dios, sino que el Verbo era Dios (paráfrasis mía). Eso significa que Yahvé existía y Yahvé era el Verbo. Esta afirmación tiene profundas ramificaciones en la redacción del evangelio de Juan y en el libro del Apocalipsis, donde Juan utiliza un lenguaje similar. Esencialmente, Juan afirma que antes de llamarse Jesús, era «el Verbo de Dios». Esta verdad contiene varios aspectos que analizaremos. Sin embargo, la primera verdad que debemos ver es el propósito lingüístico de las obras de Juan.

En su evangelio, Juan se refiere a Jesús como el Verbo de Dios desde el principio. En la declaración inicial de su epístola (1ra Juan 1:1-4), vuelve a referirse a Jesús como el Verbo que era desde el principio:

---

4   Behr, John. 2006. *The Mystery of Christ: Life in Death.* Crestwood, N.Y: St. Vladimir's Seminary Press, pág 50.

¹ Lo que era desde el principio, lo que hemos oído, lo que hemos visto con nuestros ojos, lo que hemos contemplado, y palparon nuestras manos tocante al Verbo de vida ² (porque la vida fue manifestada, y la hemos visto, y testificamos, y os anunciamos la vida eterna, la cual estaba con el Padre, y se nos manifestó); ³ lo que hemos visto y oído, eso os anunciamos, para que también vosotros tengáis comunión con nosotros; y nuestra comunión verdaderamente es con el Padre, y con su Hijo Jesucristo. ⁴ Estas cosas os escribimos, para que vuestro gozo sea cumplido.

Para Juan, la Palabra de Dios no es solo algo que oímos, sino que es el Ser Divino. La Palabra de Dios es Dios mismo. Recuerda que los judíos consideraban que «la Palabra» se refería al Mesías. Como lo mencioné anteriormente, cuando Jeremías dice: «Vino la palabra de Jehová . . .», por ejemplo, quiere decir que Dios vino y le dio una palabra. Al leer esto en español, es fácil pasar por alto el significado de la Palabra de Dios. Sin embargo, en todo el Antiguo Testamento, la frase «vino la palabra de *Yᵊhōvâ*»⁵ se utilizaba para referirse a Dios hablando a Sus profetas, como se demuestra en Génesis 15:1-4:

¹ Después de estas cosas vino la palabra de Jehová a Abram en visión, diciendo: No temas, Abram; yo soy tu escudo, y tu galardón será sobremanera grande. ² Y respondió Abram: Señor Jehová, ¿qué me darás, siendo así que ando sin hijo, y el mayordomo de mi casa es ese damasceno Eliezer? ³ Dijo también Abram: Mira que no me has dado prole, y he aquí que será mi heredero un esclavo nacido en mi casa. ⁴ Luego vino a él palabra de Jehová, diciendo: No te heredará este, sino un hijo tuyo será el que te heredará.

Cuando la Palabra de Jehová o, en otras palabras, el Cristo preencarnado, vino a Jeremías, santificó el modo de hablar de Jeremías y llamó profeta al hijo de un sacerdote. La verdad más importante que debemos comprender en la correlación entre sacerdote y profeta es que los profetas se transforman cuando están en presencia de la Palabra de Jehová para convertirse en palabra para aquellos a quienes son enviados a profetizar.

---

5   *Yᵊhōvâ* — Léxico hebreo Strong # H3068

Sin embargo, Jeremías no solo profetizó a Israel sobre el juicio venidero de la esclavitud. Cuando la desobediencia de Israel los llevó al cautiverio babilónico, Jeremías fue al cautiverio con ellos. La misma presencia de Jeremías era una representación del juicio y la presencia de Dios. Jeremías estuvo presente en la esclavitud de Israel, declarando que Dios nunca nos dejaría ni nos abandonaría. También estuvo presente como recordatorio de la Palabra del Señor dada a Israel como advertencia para evitar el juicio.

Además, muchas veces, los profetas realizaban lo que se denominan *actos* proféticos para narrar a Israel la admonición de Dios para que se arrepintiera. Por ejemplo, Dios ordenó a Jeremías que se pusiera un yugo alrededor del cuello para simbolizar el yugo del cautiverio babilónico al que pronto se enfrentaría el pueblo. También rompió una vasija de barro como señal de la destrucción que sobrevendría a Judá. Jeremías era una palabra de Dios andante ante Israel.

Para el intercesor, esta metáfora revela una poderosa verdad: la intercesión no solo consiste en orar, sino en un estilo de vida. *La presencia misma de Jeremías era intercesión.* Su llamado como sacerdote significaba que estaba en medio de Israel, intercediendo por su reconciliación total con Dios. La reconciliación del pueblo de Dios, llamado a ejercer como sacerdocio, sería el instrumento de la reconciliación de Dios con el mundo.

También se hacía referencia al profeta como testigo. Jeremías era testigo de la naturaleza del Dios al que servía. Su intercesión fluía del encuentro con el corazón de Dios para con Su pueblo, lo que hizo que se hiciera referencia a Jeremías como el «profeta llorón».

Puntos principales:
- La dimensión profética de la intercesión consiste en experimentar la Palabra misma a través de la oración. Podemos probar y ser testigos del poder de la era venidera y ser transformados por él.

- Entonces, nuestra intercesión debe estar basada en la realidad celestial revelada por el corazón de Dios, para verla reconciliada en la tierra.

- El intercesor se impregna de la realidad futura celestial vista en el consejo de Dios y, mediante la intercesión, la percepción hace que se forme en nosotros la imagen de Cristo, la esperanza de gloria.

- Jeremías, el profeta llorón, lloró y gimió por un futuro en el que la Palabra de Dios estuviera escrita en las tablas del corazón y no en piedra, para que el pueblo obedeciera. La intercesión de Jeremías, percibida en parte, se materializa plenamente en Jesús de formas sin precedentes.

SECCIÓN TERCERA

Jesús, sumo sacerdote e intercesor

Antes de comenzar esta sección, considera las siguientes escrituras:

> Y vio que no había hombre, y se maravilló que no hubiera quien se interpusiese; y lo salvó su brazo, y le afirmó su misma justicia.
> Isaías 59:16

> . . . por lo cual puede también salvar perpetuamente a los que por él se acercan a Dios, viviendo siempre para interceder por ellos.
> Hebreos 7:25

El escritor de Hebreos dice que, según el orden de Melquisedec, Jesús es sacerdote para siempre, lo que en griego se traduce como «rey de justicia».[6] También fue rey de Salem, que significa «rey de paz».[7] No tuvo padre ni madre, lo que indica que su sacerdocio no fue elegido por un linaje humano, sino por el poder de una vida eterna (Hebreos 7:1-3). El sacerdocio de Jesús no está vinculado a una ley escrita en tablas de piedra, ratificada por la sangre de toros y machos cabríos, sino a una ley escrita en tablas del corazón, ratificada por Su propia sangre.

> 33 Pero este es el pacto que haré con la casa de Israel después de aquellos días, dice Jehová: Daré mi ley en su mente, y la escribiré en su corazón; y yo seré a ellos por Dios, y ellos me serán por pueblo. 34 Y no enseñará más ninguno a su prójimo, ni ninguno a su hermano, diciendo: Conoce a Jehová; *porque todos me conocerán*, desde el más pequeño de ellos hasta el más grande, dice Jehová; porque

---

6   *melchisedek* — Léxico griego Strong # G3198
7   *šālēm* — Léxico hebreo Strong # H8004

perdonaré la maldad de ellos, y no me acordaré más de su pecado. Jeremías 31:33-34 (énfasis mío)

Para comprender mejor el sacerdocio de Jesús, recuerda que el sacerdocio y el Tabernáculo de Moisés sirvieron como copia y sombra de las realidades celestiales. El Señor ordenó a Moisés: «Mira, haz todas las cosas conforme al modelo que se te ha mostrado en el monte» (Hebreos 8:5). El sacerdote sirvió de mediador para reconciliar la relación entre Dios y Su creación en el jardín, aunque solo temporalmente y no en su plenitud.

La sangre de los toros y los machos cabríos servía como modelo de las realidades celestiales de reconciliación. Jesús no era solamente el sumo sacerdote de un mejor pacto, sino también el sacrificio. Su sangre nos limpia, purifica y reconcilia con Dios.

El cuerpo de Cristo como su tabernáculo y templo

Para realizar su labor sacerdotal, todo sumo sacerdote necesita un templo o tabernáculo y una ley de instrucciones que le instruya en el ministerio sacerdotal. Aarón recibió instrucciones para realizar la labor sacerdotal en el Tabernáculo y el templo, que, una vez más, sabemos que son sombras de realidades celestiales. Juan declara que Jesús se hizo carne y «habitó» entre nosotros: «Y aquel Verbo fue hecho carne, y habitó entre nosotros (y vimos su gloria, gloria como del unigénito del Padre), lleno de gracia y de verdad» (Juan 1: 14).

La palabra griega para «habitó» es *skēnoō*.[8] que significa «morar (o vivir) en un tabernáculo (o tienda), tabernáculo». ¡Es asombroso! En el tabernáculo del Antiguo Testamento, cada año, el día de la expiación, después de realizar el sacrificio para limpiar el espacio sagrado del tabernáculo, Dios venía en una nube y se sentaba entre las alas de los querubines en el lugar santísimo, encima del arca del pacto.

Juan nos está diciendo que el cuerpo de Jesús *es* el tabernáculo en el que vino a habitar Dios el Verbo.

La gloria de Dios que reinaba en el tabernáculo era una sombra de

---

8   *skēnoō* — Léxico griego Strong # G4637

la gloria que habitaba en el cuerpo de Jesús. Jesús, como sumo sacerdote *y* sacrificio, limpió el espacio sagrado de su cuerpo humano como el último Adán para reconciliar a la humanidad con Dios a través de su propio cuerpo. A esto lo llamamos la encarnación.

La intercesión y sacrificio de Jesús es lo que nos permite estar ahora en la intersección entre el cielo y la tierra. En este lugar, todo lo que no está alineado con El Hijo es expuesto, limpiado y podado, mientras permanecemos en Jesús —la vid— para que el fruto del cielo se manifieste a través de nosotros (Juan 15:1-7).

¿No es Dios asombroso? ¡Aleluya!

Puntos para recordar:
- La sangre expiatoria elimina el pecado que nos ha separado y reconcilia al hombre con Dios, así como al cielo con la tierra.
- La intercesión consiste en permanecer continuamente en unión con el sumo sacerdote y unirse a su muerte en la cruz.
- Al igual que Cristo se convirtió en mediador por medio de su muerte, nosotros nos unimos a esa tarea muriendo a nuestra voluntad, como hizo Él. Es la voluntad del Padre la que trae la vida del cielo a la tierra.
- Jesús es el cumplimiento final de la visión de la escalera de Jacob, cuando los ángeles ascienden y descienden sobre Cristo, conectando así el cielo y la tierra como la semilla de Abraham.
- Mediante la intercesión, trabajamos para que el cielo y la tierra se interconecten en una realidad mayor, primero personalmente, y luego extendida a toda nuestra área de influencia (familia, trabajo, ministerio, etc.).

Considera el sacrificio de Cristo y los puntos que resalto a continuación:

[11] Pero estando ya presente Cristo, *sumo sacerdote de los bienes venideros,* por el más amplio y más perfecto tabernáculo, no hecho de manos, es decir, no de esta creación, [12] y no por sangre de machos cabríos ni de becerros, sino por su propia sangre, entró una vez para siempre en el Lugar Santísimo, habiendo obtenido

eterna redención. [13] Porque si la sangre de los toros y de los machos cabríos, y las cenizas de la becerra rociadas a los inmundos, santifican para la purificación de la carne, [14] ¿cuánto más la sangre de Cristo, el cual mediante el Espíritu eterno se ofreció a sí mismo sin mancha a Dios, limpiará vuestras conciencias *de obras muertas para que sirváis al Dios vivo?*

[15] Así que, por eso *es mediador de un nuevo pacto*, para que *interviniendo muerte* para la remisión de las transgresiones que había bajo el primer pacto, los llamados reciban la promesa de la herencia eterna. [16] Porque donde hay testamento, es necesario que intervenga muerte del testador. [17] Porque el testamento con la muerte se confirma; pues no es válido entre tanto que el testador vive. [18] De donde ni aun el primer pacto fue *instituido sin sangre.* Hebreos 9:11-18 (énfasis mío)

Puntos de énfasis:

- Jesucristo es el sumo sacerdote de los bienes venideros. Una casa no hecha con manos de hombre.
- Su propia sangre trajo la limpieza y la redención eterna.
- Él nos reconcilió de las obras muertas para servir al Dios vivo.
- Es el mediador de un nuevo pacto mediante su muerte.
- La cruz superpuso el cielo y la tierra.

Jesús: apóstol y pilar que une el cielo y la tierra

La oración cristiana es aun más característica cuando nos encontramos atrapados en la intersección de los siglos, formando parte de la creación que anhela un nuevo nacimiento.[9] N.T. Wright

La intercesión apostólica consiste en que el cuerpo de Cristo «representa» a Cristo intercesor, a medida que nos incorpora a su ministerio de reconciliación. La intercesión apostólica consiste en convertirse en un embajador (o enviado) a través del cual Cristo continúa la obra de reconciliación o expiación. Considera la siguiente escritura:

---

9   Nicholas Thomas Wright. 2011. *Sorprendidos por la esperanza: Repensando el cielo, la resurrección y la vida eterna.* The Crossroad Publishing Company.

¹ Por tanto, hermanos santos, participantes del llamamiento celestial, considerad al apóstol y sumo sacerdote de nuestra profesión, Cristo Jesús; ² el cual es fiel al que le constituyó, como también lo fue Moisés en toda la casa de Dios. ³ Porque de tanto mayor gloria que Moisés es estimado digno este, cuanto tiene mayor honra que la casa el que la hizo. ⁴ Porque toda casa es hecha por alguno; pero el que hizo todas las cosas es Dios.

Hebreos 3:1-4

Salmo 110: Jesús apóstol y sumo sacerdote

¹ Jehová dijo a mi Señor: Siéntate a mi diestra, Hasta que ponga a tus enemigos por estrado de tus pies.

² Jehová enviará desde Sion la vara de tu poder; Domina en medio de tus enemigos.

³ Tu pueblo se te ofrecerá voluntariamente en el día de tu poder, En la hermosura de la santidad. Desde el seno de la aurora Tienes tú el rocío de tu juventud.

⁴ Juró Jehová, y no se arrepentirá: Tú eres sacerdote para siempre

Según el orden de Melquisedec.

⁵ El Señor está a tu diestra; Quebrantará a los reyes en el día de su ira.

⁶ Juzgará entre las naciones, Las llenará de cadáveres; Quebrantará las cabezas en muchas tierras.

⁷ Del arroyo beberá en el camino,Por lo cual levantará la cabeza.

Psalm 110:1-7

«Como apóstol, Jesús es el enviado de Dios a la humanidad (Justino Mártir)».[10] Como sumo sacerdote, él entra en la presencia de Dios para acercar a la humanidad a Dios, primero mediante su resurrección de entre los muertos y luego al sentarse a la diestra de Dios. La encarnación fue apostólica porque Dios entró en nuestro vacío como sumo sacerdote y sacrificio a la vez. Entró en nuestro vacío y oscuridad como acto de

---

10   Oden, Thomas C, Erik M Heen, and Philip D Krey. 2005. *Ancient Christian Commentary on Scripture. New Testament / X, Hebrews / Ed. By Erik M. Heen, Philip D.W. Krey.* Downers Grove (Ill.): Intervarsity Press, Cop. pág 51.

intercesión para llenarnos de su plenitud y resplandecer en nuestras tinieblas.

Puntos para reflexionar

- Jesús, el apóstol y sumo sacerdote de nuestra fe, fue enviado por Dios padre como Dios hijo para habitar en un cuerpo humano y reconciliar la creación con su creador.

- El cielo y la tierra se reconcilian a través del cuerpo de Cristo. Por lo tanto, Él es la encarnación de la intercesión.

- Jesús, mediante la encarnación y la cruz, es el mediador del cielo y de la tierra, el creador y su creación.

El Padrenuestro es una oración para la creación que comenzó con la superposición del cielo y la tierra en el jardín del rey. Como resultado de su encarnación, muerte, resurrección y ascensión, la creación sería restaurada a través de la iglesia. (Hablaremos del Padre nuestro con más detalle en un capítulo posterior).

> [9] Vosotros, pues, oraréis así: Padre nuestro que estás en los cielos, santificado sea tu nombre. [10] *Venga tu reino. Hágase tu voluntad*, como en el cielo, así también en la tierra. [11] El pan nuestro de cada día, dánoslo hoy. [12] Y perdónanos nuestras deudas, como también nosotros perdonamos a nuestros deudores. [13] Y no nos metas en tentación, mas líbranos del mal; porque tuyo es el reino, y el poder, y la gloria, por todos los siglos. Amén. Mateo 6:9-13 (énfasis mío)

La oración sumosacerdotal de Jesús

Considera las siguientes oraciones de Jesús, hechas como sumo sacerdote. Los puntos clave los resalto en cursiva:

> [1] Estas cosas habló Jesús, y levantando los ojos al cielo, dijo: Padre, la hora ha llegado; glorifica a tu Hijo, para que también tu Hijo te glorifique a ti; [2] como le has dado potestad sobre toda carne, para que dé vida eterna a todos los que le diste. [3] *Y esta es la vida eterna: que te conozcan a ti, el único Dios verdadero, y a Jesucristo, a quien has enviado.* Juan 17:1-3 (énfasis mío)

²²*La gloria que me diste, yo les he dado, para que sean uno, así como nosotros somos uno.* ²³ *Yo en ellos, y tú en mí, para que sean perfectos en unidad,* para que el mundo conozca que tú me enviaste, y que los has amado a ellos como también a mí me has amado. ²⁴ Padre, aquellos que me has dado, quiero que donde yo estoy, también ellos estén conmigo, para que vean mi gloria que me has dado; porque me has amado desde antes de la fundación del mundo.
Juan 17:22-24 (énfasis mío)

Es a través de la oración sumosacerdotal de Jesús que comprendemos que, mediante su encarnación, muerte y resurrección, podemos unirnos a Dios Padre, Hijo y Espíritu Santo. ¡Fue enviado por Dios para venir a rescatarnos! Su vida misma fue la intercesión como sumo sacerdote.

Así es como algunos de los primeros padres de la iglesia describieron el papel de Jesús como apóstol y sumo sacerdote:

Debido a que también el sumo sacerdote tiene como labor entrar primero en la presencia de Dios y luego acercar a los demás a él. (*El escritor hebreo*) le llama sumo sacerdote con toda razón, ya que Jesús así lo hico. *El escritor hebreo* le llama así porque mediante la resurrección de los muertos ascendió al cielo y se sentó a la derecha de Dios, y mediante estos acontecimientos nos dio también a nosotros la cercanía a Dios y la oportunidad de disfrutar de sus beneficios.

Giving Closeness to God. Teodoro de Mopsuestia[11] (el énfasis en cursiva es mío. La adición entre paréntesis es mía).

En efecto, si fuera sumo sacerdote como Dios, lo sería antes de la encarnación. La epístola a los Gálatas nos enseña que se convirtió en el apóstol de nuestra confesión después de la encarnación: "Pero cuando se cumplió el tiempo, Dios envió a su Hijo, nacido de mujer". *Apostel After the Incarnation.* Teodoreto de Cir: Interpretación de Hebreos 3:1-2.[12]

11   ibid, pág 52
12   ibid, pág 52.

Puntos para reflexionar

- Jesús, como apóstol y sumo sacerdote, fue enviado por Dios en un cuerpo humano para completar la obra del sacerdocio como sumo sacerdote y sacrificio.

- Su obra como sumo sacerdote y cordero del sacrificio nos volvió a unir con Dios creador.

- A través de su cuerpo se reconciliaron el cielo y la tierra. Esto es intercesión.

Considera la siguiente escritura:

[19] por cuanto agradó al Padre que en él habitase toda plenitud,[20] y por medio de él reconciliar consigo todas las cosas, así las que están en la tierra como las que están en los cielos, haciendo la paz mediante la sangre de su cruz.
Colosenses 1:19-20

SECCIÓN CUARTA
La cruz como intercesión

La cruz: conectando el cielo y la tierra mediante su muerte

El siguiente pasaje, escrito por el profeta Isaías, se llama «El Siervo sufriente del SEÑOR». Se trata de un pasaje muy conocido sobre la profecía del sufrimiento de Cristo en la cruz. La belleza de esta profecía se encuentra en el versículo 12, que nos revela que este cántico de sufrimiento es un cántico de aflicción e intercesión:

> [11] Cuando vea todo lo que se logró mediante su angustia, quedará satisfecho. Y a causa de lo que sufrió, mi siervo justo hará posible que muchos sean contados entre los justos, porque él cargará con todos los pecados de ellos. [12] Yo le rendiré los honores de un soldado victorioso, porque se expuso a la muerte. Fue contado entre los rebeldes. Cargó con los pecados de muchos e intercedió por los transgresores.
> Isaías 53:11-12

Este versículo detalla que Jesús derramó su alma hasta la muerte. En otras palabras, en la cruz Cristo se despojó de sí mismo derramando su plenitud en el vacío de la humanidad. El versículo 11 declara que su alma sufrió dolores de parto por la humanidad mientras estaba en la cruz. Esto es sumamente poderoso.

Esta labor de intercesión va más allá de la obra de Cristo en la cruz, porque toda su vida y su muerte antes de su resurrección fueron *cruciformes*. Esto significa que su vida estaba destinada a la cruz, derramando su vida para llenar el vacío de la humanidad al hacerse humano.

Mateo nos dice que, cuando Jesús sanó a la suegra de Pedro de una fiebre, acudieron a Él multitudes de enfermos y endemoniados, y Jesús los sanó a todos. Además, ¡Mateo señala que así se cumplió la canción del Siervo sufriente! Se podría decir que la vida de Jesús tenía forma de cruz o era cruciforme, y reflejaba la imagen de Dios, que se ofrece a sí mismo, se despoja de sí mismo y es desinteresado.

[14] Cuando Jesús llegó a la casa de Pedro, la suegra de Pedro estaba enferma en cama con mucha fiebre. [15] Jesús le tocó la mano, y la fiebre se fue. Entonces ella se levantó y le preparó una comida.

[16] Aquella noche, le llevaron a Jesús muchos endemoniados. Él expulsó a los espíritus malignos con una simple orden y sanó a todos los enfermos. [17] Así se cumplió la palabra del Señor por medio del profeta Isaías, quien dijo:

«Se llevó nuestras enfermedades y quitó nuestras dolencias».
Matteo 8:14-17

Mateo nos revela que Jesús es el cumplimiento de la intercesión del Siervo sufriente al sanar a los enfermos y expulsar a los demonios con solo una palabra. El poder de la cruz nos lleva de nuevo a la superposición del cielo y la tierra a través de los dolores de parto y la intercesión.

Mediación a través de la cruz

En el pasaje que sigue vemos que Jesús es el mediador de un nuevo pacto por medio de su muerte. Su sangre reconcilia a la creación con su Creador, pues la cruz se convirtió en la escalera por la que suben y bajan los ángeles (Juan 1:51). Por tanto, el intercesor, mediante una vida de sacrificio, se llena del poder de Dios para que la intercesión penetre en los lugares donde reina la muerte, a fin de que en su lugar reine la vida de Cristo.

[11] Entonces Cristo ahora ha llegado a ser *el* Sumo Sacerdote por sobre todas las cosas buenas que han venido. Él entró en ese tabernáculo superior y más perfecto que está en el cielo, el cual no fue hecho por manos humanas ni forma parte del mundo creado. [12] Con su propia sangre—no con la sangre de cabras ni de becerros—entró en el Lugar Santísimo una sola vez y para siempre, y aseguró nuestra redención eterna.

¹³ Bajo el sistema antiguo, la sangre de cabras y toros y las cenizas de una novilla podían limpiar el cuerpo de las personas que estaban ceremonialmente impuras. ¹⁴ Imagínense cuánto más la sangre de Cristo nos purificará la conciencia de acciones pecaminosas para que adoremos al Dios viviente. Pues por el poder del Espíritu eterno, Cristo se ofreció a sí mismo a Dios como sacrificio perfecto por nuestros pecados. ¹⁵ Por eso él es el mediador de un nuevo pacto entre Dios y la gente, para que todos los que son llamados puedan recibir la herencia eterna que Dios les ha prometido. Pues Cristo *murió* para librarlos del castigo por los pecados que habían cometido bajo ese primer pacto.
Hebreos 9:11-15 (énfasis mío)

La intercesión de la cruz invita al intercesor a participar del poder de la muerte de Jesús. Su muerte le dio un golpe mortal a la muerte misma. La cruz destruye la obra de la muerte, a la que da poder el pecado. El poder de Su vida de sacrificio vence la muerte. La vida de intercesión es aquella en la que nos damos cuenta de que nuestra vida no es nuestra. Podríamos decir que el ejemplo de intercesión de Jesús es *un llamado a la cruciformidad.*

¿Qué es la cruciformidad?
El concepto de cruciformidad se basa en 1ra Corintios 2:1-4:

¹ Amados hermanos, la primera vez que los visité, no me valí de palabras elevadas ni de una sabiduría impresionante para contarles acerca del plan secreto de Dios. ² Pues decidí que, mientras estuviera con ustedes, olvidaría todo excepto a Jesucristo, el que fue crucificado. ³ Me acerqué a ustedes en debilidad: con timidez y temblor. ⁴ Y mi mensaje y mi predicación fueron muy sencillos. En lugar de usar discursos ingeniosos y persuasivos, confié solamente en el poder del Espíritu Santo.

En su libro *Cruciformity,*¹³ Michael Gorman acuñó el término «cruciformity» (cruciformidad), que traduce el versículo 2 como (parafraseado): «Decidí no conocer nada entre ustedes, excepto a

---

13   Gorman, Michael J. 2021. CRUCIFORMITY: *Pauls Narrative Spirituality of the Cross, 20th Anniversary Edition.* S.L.: W B Eerdmans Pub Co.

Jesucristo, es decir, a Jesucristo crucificado». En este contexto, el término «conocer» significa experimentar y proclamar de palabra y obra. En algunas traducciones griegas, la palabra «testimonio» significa «misterio» en lugar de testimonio. Este misterio de Cristo se revela mediante el testimonio de los cruciformes. La teología de Pablo, por tanto, es una espiritualidad narrativa en la que la historia de la cruz se revive en su vida y a través de ella. Su espiritualidad era una espiritualidad narrativa de representación de la palabra de la cruz en forma viva. En Gálatas 1:15-16, vemos un ejemplo en el que Pablo explica,

> [15] Pero cuando agradó a Dios, que me apartó desde el vientre de mi madre, y me llamó por su gracia, [16] *revelar a su Hijo en mí*, para que yo le predicase entre los gentiles, no consulté en seguida con carne y sangre, (énfasis mío).

La principal expresión del ministerio apostólico de Pablo fue llevar en su cuerpo la muerte del Señor Jesús para que otros pudieran tener vida. De este modo, la cruciformidad es ser formado según la imagen de Cristo crucificado y Señor resucitado para convertirse en un testigo legal. Un testigo de que Jesús ya no está en la tumba, sino vivo, y de que el precio de Su sangre nos ha redimido de la esclavitud del pecado.

La canción del exilio y la canción del mártir

Contrariamente a la creencia popular, los siguientes versículos no significan que Jesús se separara de Dios. Más bien indican el poder de la intercesión de Jesús en la cruz. Observa que, en este pasaje, Mateo cita las palabras que Jesús dijo en el Salmo 22:

> [45] Y desde la hora sexta hubo tinieblas sobre toda la tierra hasta la hora novena. [46] Cerca de la hora novena, Jesús clamó a gran voz, diciendo: Elí, Elí, ¿lama sabactani? Esto es: Dios mío, Dios mío, ¿por qué me has desamparado? [47] Algunos de los que estaban allí decían, al oírlo: A Elías llama este.
> Mateo 27:45-47

Los Salmos eran oraciones que se cantaban. Por tanto, Jesús no solo habría citado una parte de un salmo. Habría cantado esta oración entera. Esto demuestra su intercesión a través de la cruciformidad hasta el final. Esto es lo que dice N.T. Wright sobre la solidaridad de Jesús mientras estaba en la cruz:

Estudiosos y teólogos han analizado el extraño hecho de preguntar por qué Dios había abandonado a Jesús y lo que significa para nuestra teología de la encarnación o de la trinidad. Pero lo que a menudo pasamos por alto es que Jesús estaba orando las palabras del Salmo 22 precisamente porque ésa era la oración de muchos mártires judíos del siglo I. Jesús, al morir la muerte vil y vergonzosa en la cruz, oró en solidaridad con quienes sufrían. De hecho, su muerte fue la máxima oración de solidaridad.

Y cada oración de lamento que ofrecemos es otro «amén».[14]

Las siguientes tres escrituras ilustran este concepto:

Salmo 22:3 dice: «Pero tú eres santo, Tú que habitas entre las alabanzas de Israel».

Una vez más, el Salmo 22:22 dice: «Anunciaré tu nombre a mis hermanos; En medio de la congregación te alabaré».

Salmo 22:31: Vendrán, y anunciarán su justicia; A pueblo no nacido aún, anunciarán que él hizo esto (cumplió/terminó)—(la adición entre paréntesis es mía).

A través de estos versículos, vemos que Jesús, mediante su encarnación, asumió la vocación de Israel, que habría elevado esta oración en forma de lamento mientras estaba exiliado de la tierra. Al mismo tiempo, Jesús también asumió la identidad y la vocación del primer Adán, que fue desterrado del árbol de la vida en el jardín.

La crucifixión ocurrió en el momento en que las tinieblas cubrían la tierra: de la sexta a la novena hora, durante el sacrificio vespertino. Fue en ese momento cuando Jesús entró en la vida del exilio mediante la intercesión para devolvernos la unión con el Dios trinitario a través de la intercesión de la cruz.

---

14   Packlam, Dr Glenn. 2020. "Five Things to Know about Lament." N.T. Wright Online. April 3, 2020. https://www.ntwrightonline.org/five-things-to-know-about-lament/.

Al morir, Jesús, que es Dios, adquirió la forma de los que estaban exiliados de la presencia de Dios y entregó su propio cuerpo por ellos, para que pudiéramos convertirnos en morada de Su gloria. Mediante la intercesión de la cruz, fuimos reconciliados y unidos a ese mismo cuerpo.

De este modo, su muerte venció la muerte. Gracias a su vida, abrazamos la comunión de Sus sufrimientos para que la vida de resurrección pueda fluir hacia los demás mientras Su muerte sigue actuando en nosotros y a través de nosotros.

En el contexto bíblico, la palabra «santo» significa estar apartado de lo común o profano. Dios es santo y completamente diferente de nosotros, esto significa que el pecado (lo profano) no existe en Él. Sin embargo, su objetivo no es que permanezcamos apartados y separados de Él, sino ser transformados para que nos apartemos de lo profano igual que Él. Así es como encarnamos la intercesión de la cruz. Debemos ser santos que entran en lo común y llevan lo común a la unidad con el Santo.

Tomar tu cruz cada día (Lucas 9:23) no es solo morir a sí mismo, sino una muestra del poder de la muerte de Jesús. Su muerte da un golpe mortal a la propia muerte. Destruimos el poder de las tinieblas negándonos a nosotros mismos, cargando nuestra cruz y muriendo cada día. A través de la cruz, mostramos el desarme de los principados y potestades al ser moldeados según la imagen de aquel que es plenamente Dios y plenamente humano: el primogénito y las primicias de la resurrección.

Es por la forma en que murió Jesús en el exilio y por Su intercesión y alabanza la razón por la que el Dios trinitario habita en nosotros.

La perforación del corazón del intercesor

Analicemos el significado de la perforación del corazón de un intercesor. Veamos la traducción de Isaías 6:1-6 del original griego Septuaginta:

¹ Y aconteció el año que murió Ozías, el rey, vi al Señor, sentado sobre solio excelso y sublime, y llena la casa de su gloria.

² Y serafines estaban en torno de él; seis alas(a), el uno; y seis alas el uno; y con dos cubrían la faz; y con dos cubrían los pies; y con dos volaban.

³ Y clamaban uno al otro y decían: «Santo, santo, santo, Señor de ejércitos, llena, toda la tierra de su gloria».

⁴ Y alzóse(b) el dintel a la voz con que clamaban; y la casa se llenó de humo.

⁵ Y dije: «¡Oh mísero yo, por haberme compungido(c) , por ser hombre, e impuros labios teniendo, en medio de un pueblo que impuros labios tiene yo habitar, y al rey, Señor de ejércitos, haber visto con mis ojos! ⁶ Y enviado fue a mí uno de los serafines; y en la mano tenía una brasa que con tenaza tomó del altar;».
Isaías 6:1-6 (Biblia version septuaginta en español)

Ahora considera la traducción de la Reina Valera. ¿Notas que falta algo?

Entonces dije: ¡Ay de mí! que soy muerto; porque siendo hombre inmundo de labios, y habitando en medio de pueblo que tiene labios inmundos, han visto mis ojos al Rey, Jehová de los ejércitos.
Isaías 6:5

Ahora observa la similitud con las palabras «compungido de corazón» durante el llamado al altar en el libro de los Hechos:

³⁶ Sepa, pues, ciertísimamente toda la casa de Israel, que a este Jesús a quien vosotros crucificasteis, Dios le ha hecho Señor y Cristo.

³⁷ Al oír esto, se *compungieron de corazón*, y dijeron a Pedro y a los otros apóstoles: Varones hermanos, ¿qué haremos? ³⁸ Pedro les dijo: Arrepentíos, y bautícese cada uno de vosotros en el nombre de Jesucristo para perdón de los pecados; y recibiréis el don del Espíritu Santo.
Hechos 2:36-38 (énfasis mío)

¿Qué significa «perforar» o «compungir el corazón»? Fíjate en la palabra griega *katanyssomai*.[15] Esta palabra está compuesta por la preposición *kata*[16] y *nyssō*,[17] que significa «perforar, traspasar; metafóricamente, infligir un dolor agudo a la mente, agitarla con

---

15   *katanyssomai*— Léxico griego Strong # G2660

16   *kata* — Léxico griego Strong # G2596

17   *nyssō* — Léxico griego Strong # G3572

vehemencia: se usa especialmente para referirse a la emoción del dolor».[18] Hechos 2:37 dice que el pueblo se compungió (o fue traspasado) hasta el corazón. Esta perforación, o *nyssō*, es la misma palabra utilizada en Juan 19:34 cuando el costado de Jesús fue atravesado por uno de los soldados romanos.

Ahora, considera la palabra griega *katanyxis,*[19] que también significa «pinchazo, perforación», pero entra en más detalles sobre por qué era necesaria una perforación. La definición adicional de *katanyxis* es «un espíritu de estupor que torna sus almas tan insensibles que no les interesa en absoluto la oportunidad de recibir la salvación por medio del Mesías». Esto significa que las conciencias de la gente estaban cauterizadas y necesitaban ser traspasadas. Pedro y los apóstoles traspasaron las conciencias cauterizadas de la gente y las impactaron con el evangelio. Esto fue posible porque el Espíritu Santo había traspasado previamente los corazones de los apóstoles en la habitación de oración (el aposento alto).

Esta perforación también aplica para nosotros. Juan 19:34 dice: «Pero uno de los soldados le abrió el costado con una lanza, y al instante salió sangre y agua». La intercesión cruciforme para el intercesor profético significa ser traspasado por lo que Jesús fue traspasado, vivir una vida de intercesión a partir de Sus heridas. Es la invitación al lugar secreto de la oración, que es una tumba donde entramos en unión con la oración cruciforme de Jesús y, a través de Su muerte, derramamos Su vida mediante la intercesión. Esta «tumba» de la intercesión se convierte entonces en el «vientre» del alumbramiento de las promesas de Cristo por las que Él derramó su sangre y murió. Cuando el intercesor se dedica a la oración, es la oración cruciforme la que trae el ministerio de la reconciliación.

---

18   "G2660 - *Katanyssomai* - Léxico griego Strong (Kjv)." n.d. Blue Letter Bible. Consultado el 14 de abril de 2024. https://www.blueletterbible.org/lexicon/g2660/kjv/tr/0-1/.

19   *katanyxis* — Léxico griego Strong # G2659

SECCIÓN QUINTA

La intersección de la intercesión

Cuando la cruz ✚ marca el lugar ✗

Cuando nuestra intercesión tiene «forma de cruz», nuestro amor por Dios se ve reflejado a medida que amamos a nuestros vecinos y vecindarios. Esto hace que nuestra *intercesión* sea la *intersección* en la que Jesús puede traspasar el corazón más duro e interrumpir y desbaratar los planes satánicos con la interferencia celestial del Cordero que ha vencido.

La intercesión se convierte en la X (la cruz) que marca el lugar donde su cuerpo lo da a conocer. Cuando la intersección de nuestra intercesión fluye de nuestra fiel pasión por dar a conocer a Jesús, las líneas de falla se convierten en los frentes donde damos testimonio de Jesús. Es este testimonio el que marca el lugar donde Jesús *estaría* haciendo lo que haría si estuviera aquí físicamente. Sin embargo, Él *está* aquí y otros lo pueden ver a través del testimonio que comienza con la intercesión en el lugar secreto para darlo a conocer públicamente.

El arte perdido de la intercesión es la nueva creación que se encuentra en la intersección de este mundo presente y malvado, orando «venga a nosotros tu Reino» al unísono con la intercesión del Hijo y de todos los que llaman a Dios, el Creador, nuestro Padre. La intercesión es el acto de participación en los sufrimientos de Cristo para ver al mundo pasar de la muerte a la vida por medio de Su muerte. Por medio de Su muerte, Cristo dio un golpe mortal a la muerte para que nosotros pudiéramos, por medio de Su muerte, permanecer en la intersección de la vida y la muerte como testigos de Su victoria eterna.

Entre los vivos y los muertos

Mira la intercesión de Moisés y Aarón ante el juicio emitido por Dios contra los rebeldes de Israel:

> [44] Y Jehová habló a Moisés, diciendo: [45] Apartaos de en medio de esta congregación, y los consumiré en un momento. Y ellos se postraron sobre sus rostros. [46] Y dijo Moisés a Aarón: Toma el incensario, y pon en él fuego del altar, y sobre él pon incienso, y ve pronto a la congregación, y haz expiación por ellos, porque el furor ha salido de la presencia de Jehová; la mortandad ha comenzado. [47] Entonces tomó Aarón el incensario, como Moisés dijo, y corrió en medio de la congregación; y he aquí que la mortandad había comenzado en el pueblo; y él puso incienso, e hizo expiación por el pueblo, [48] y se puso entre los muertos y los vivos; y cesó la mortandad.
> Números 16:44-48

Esta actitud de reverencia hacia Dios (temor de Dios) que mostraron Moisés y Aarón demuestra claramente que las funciones profética y sacerdotal deben ser dos caras de la misma moneda. Los profetas que hablan sin vivir una vida de intercesión son *peligrosos*. Si los profetas escuchan la voz de Dios, pero no la filtran a través de las lentes de la intercesión sacerdotal, pierden la oportunidad de interceder.

La intercesión debe determinar el lugar de *intersección* que marca hacia dónde debe dirigirse el profeta para interponerse entre los vivos y los muertos como mediador por medio de la muerte. La intercesión en forma de cruz representa la prueba legal (*martyria*)[20] de Su sacrificio, porque el testimonio de Jesús es el espíritu de profecía (Apocalipsis 19:11). Las funciones profética y sacerdotal de su Cuerpo deben verse de la misma manera.

Al igual que ocurrió con Moisés y Aarón, ocurre con nosotros: la santidad divino-humana que Dios es y nos da solo se revela a nosotros y a través de nosotros cuando intercedemos por los demás. La santificación siempre nos lleva más profundamente, más hacia el centro de la comunidad-iglesia y, por lo tanto, al corazón del mundo. Por ello, cuando asumimos nuestra tarea profética y sacerdotal,

---

20   *martyria* — Léxico griego Strong # G3141

no lo hacemos retirándonos del mundo, sino corriendo hacia su centro, junto a todos esos "hijos de la ira" que, en al estar alejados, parecen estar condenados bajo el juicio de Dios (Efesios 2:3).[21] Dr. Chris Green

La «sustitución inclusiva» es un término que describe que participamos en el sufrimiento de Cristo por el bien del mundo. Nos convertimos en santificadores santificados en nuestra unión con el Santificado. Nos situamos entre la intersección de lo santo y lo profano, llevando lo santo a lo común y lo común a lo santo. Entramos en unión con el Cordero que está sentado en el trono con la palabra y la oración de la reconciliación: «reconcíliense con Dios» mediante el lenguaje de la sangre de la intercesión. El trabajo sacerdotal es mediación, y la vida sacramental significa que el trabajo es siempre de unificación (une lo que está separado), sacrificio e intercesión.

Preguntas para reflexionar

- Teniendo en cuenta todo lo que hemos estudiado en este curso, ¿cuáles son las dos cosas que has incorporado a tu vida de oración? ¿Cuáles son las dos cosas que seguirás cultivando más en lo que se refiere a la oración colectiva?

- ¿Qué te ha enseñado esta clase sobre la intercesión que quizá no habías considerado antes?

---

21   Green, Chris E W. 2020. *Sanctifying Interpretation: Vocation, Holiness, and Scripture.* Cleveland, Tennessee: Cpt Press.

SECCIÓN SEXTA
El poder de una vida de oración personal

Orando y caminando con Dios

Como comenté anteriormente, caminar con Dios significa tener comunión con Él. Por tanto, la oración es un estilo de vida de discipulado e intimidad con el Dios trinitario. Sin duda, es posible. Adán caminó en el consejo de Dios (*sôḏ*)[22] (Job 15:7-8). Enoc caminó con Dios incluso después de la caída de Adán (Génesis 5:22-24). La palabra hebrea para «caminar» es *hālaḵ*.[23]

Enséñanos a orar

En Lucas 11:1, los discípulos le pidieron a Jesús que les enseñara a orar. La correlación entre el Reino y caminar con Dios se ve reflejada en el estilo de vida de la oración. Este caminar es con tu Padre celestial, aprendiendo Sus caminos. Desde el principio, el cristianismo ha sido una fe de paternidad. Considera el Padrenuestro:

> [9] Vosotros, pues, oraréis así:
> Padre *nuestro* que estás en los cielos,
> *santificado* sea tu *nombre*.
> [10] *Venga tu reino.*
> Hágase tu voluntad,
> como en el cielo, así también en la tierra.
> [11] El pan nuestro de cada día, dánoslo hoy.
> [12] Y perdónanos nuestras deudas,

---

22 *sôḏ* — Léxico hebreo Strong # H5475
23 *hālaḵ* — Léxico hebreo Strong # H1980

como también nosotros *perdonamos* a nuestros deudores.
[13] Y no nos metas en tentación,
mas líbranos del mal.
Amén.
Mateo 6:9-13 (énfasis mío)

Lo primero que Cristo ofrece a quienes le piden que les enseñe a orar, lo primero que les entrega como regalo invaluable y consuelo, como gozo e inspiración, es la posibilidad de llamar a Dios «padre» a fin de considerarlo como su padre.[24]
Alexander Schmemann

Constantemente, Jesús señala que Su Padre es la fuente de Su propósito. Parte de ese propósito es reconciliarnos con Su Padre, como vemos en los dos pasajes siguientes:

[1] Estas cosas habló Jesús, y levantando los ojos al cielo, dijo: Padre, la hora ha llegado; glorifica a tu Hijo, para que también tu Hijo te glorifique a ti; [2] como le has dado potestad sobre toda carne, para que dé vida eterna a todos los que le diste. [3] Y esta es la vida eterna: que te conozcan a ti, el único Dios verdadero, y a Jesucristo, a quien has enviado.
Juan 17:1-3

[22] La gloria que me diste, yo les he dado, para que sean uno, así como nosotros somos uno. [23] Yo en ellos, y tú en mí, para que sean perfectos en unidad, para que el mundo conozca que tú me enviaste, y que los has amado a ellos como también a mí me has amado. [24] Padre, aquellos que me has dado, quiero que donde yo estoy, también ellos estén conmigo, para que vean mi gloria que me has dado; porque me has amado desde antes de la fundación del mundo.
Juan 17:22-24

Esto lo vemos ejemplificado en las siguientes escrituras:

Tu Padre: Mateo 5:45-58
El Espíritu de tu Padre: Mateo 10:16-20

---

24   Alexander Schmemann. 2002. *Our Father.* Crestwood, N.Y.: St. Vladimir's Seminary Press, pág 19.

El Padre de la gloria: Efesios 1:14-22

Padre de las luces: Santiago 1:17

Jesús dijo que no nos dejaría huérfanos. Prometió enviar Su Espíritu: Juan 14:1-23

Unidad con el Padre, el Hijo, el Espíritu Santo y el Cuerpo: Juan 17

Un estudio más detallado del Padre nuestro

Ahora, estudiemos el Padrenuestro línea por línea

1. Padre nuestro que estás en el cielo

2. santificado sea tu nombre

«. . . la experiencia de lo sagrado es un «encuentro con mundos del más allá» místico, una «visión efímera de la belleza más pura . . . »[25] Alexander Schmemann

No podemos tener un encuentro con el Santo Padre sin ser transfigurados por Él.

3a. Venga tu reino

«Si hemos dejado de comprender el evangelio del reino, entonces no sabemos qué es lo que estamos orando al decir las palabras del Padrenuestro».[26] Alexander Schmemann

Su Reino viene cuando el hombre se encuentra con el Rey y Cordero y se llena de Su plenitud. La forma en que el hombre veía la vida antes ha cambiado, por lo que la vida adquiere un nuevo significado. Es el sabor del futuro abriéndose paso en el presente, poniendo fin a la forma anterior de ver y vivir y dando a luz una nueva forma.

3b. Hágase tu voluntad, como en el cielo, así también en la tierra.

Véase Filipenses 2:1-13 sobre la obra de la cruz. El huerto de Getsemaní es un ejemplo del lugar donde nuestra voluntad es examinada, y debemos someterla a la suya. Aquí es donde recibimos la fuerza para ver Sus caminos y no los nuestros y discernir su voluntad divina y no la nuestra.

4. El pan nuestro de cada día, dánoslo hoy.

La eucaristía es nuestra comunión con el Dios trinitario.

---

25   ibid, pág 30.

26   ibid, pág 38.

5. Y perdónanos nuestras deudas, como también nosotros perdonamos a nuestros deudores.

Es una petición de purificación moral y de renacimiento.

6. Y no nos metas en tentación, más líbranos del mal;

Recibimos el poder vencedor de Cristo para vencer la tentación.

SECCIÓN SÉPTIMA

El gemido - dando luz al avivamiento mediante la intercesión colectiva

El Espíritu Santo, el intercesor

En el siguiente pasaje, Pablo utiliza una poderosa comparación de los sufrimientos y la gloria con los dolores del parto antes de dar a luz. El sufrimiento que soportamos como coherederos de Cristo es una metáfora de cómo damos a luz la libertad mediante la intercesión. Pablo declara que nuestro sufrimiento presente no es digno de comparación con la gloria que se nos revelará. El sufrimiento presente también se correlaciona con la esclavitud a la corrupción que experimenta actualmente la creación. La creación entera ha estado gimiendo unida en dolores de parto para ser liberada de esta corrupción hacia la gloria:

> [18] Pues tengo por cierto que las aflicciones del tiempo presente no son comparables con la gloria venidera que en nosotros ha de manifestarse. [19] Porque el anhelo ardiente de la creación es el aguardar la manifestación de los hijos de Dios. [20] Porque la creación fue sujetada a vanidad, no por su propia voluntad, sino por causa del que la sujetó en esperanza; [21] porque también la creación misma será libertada de la esclavitud de corrupción, a la libertad gloriosa de los hijos de Dios. [22] Porque sabemos que toda la creación gime a una, y a una está con dolores de parto hasta ahora;
> Romanos 8:18-22

Aquí vemos una imagen clara del intercesor que gime junto con la creación como una partera y el primogénito de la nueva creación para ver la libertad y la gloria obtenidas mediante la intercesión. Toda la creación ha estado gimiendo a una con dolores de parto a causa de la corrupción y la esclavitud del pecado. La creación espera y anhela ansiosamente la manifestación de los hijos de Dios. La palabra griega para la frase «gemir a una» es *systenazō,*[27] que significa estar juntos en dolores de parto, como en dolores en compañía o conjunto. Entonces, podemos ver como este es el gemido unificado de la creación. Pablo dice entonces algo sorprendente (parafraseado): la creación entera está con dolores de parto . . . ¡hasta ahora!

Ahora veamos el verso 23:

> y no solo ella, sino que también nosotros mismos, que tenemos las *primicias* del Espíritu, nosotros también gemimos dentro de nosotros mismos, esperando la adopción, la redención de nuestro cuerpo. Romanos 8:23 (énfasis mío)

Pablo, quien empezó a servir como apóstol tras recibir la vida de Cristo a través del Espíritu que mora en él por herencia del Padre, nos dice que la vida del Espíritu es la primicia de la plena redención de la humanidad. Cuando permanecemos en el Espíritu de Adopción, somos hijos maduros con la autoridad que nos corresponde en la familia por nuestra unión con el Hijo. El Espíritu Santo, el Intercesor, nos impulsa a gemir y sufrir para que la verdad de Cristo se haga realidad en nosotros. Pronto hablaré más sobre esto en un estudio de Romanos 8:26-27.

Por ahora, comprende que el núcleo de intercesor fluye del deseo del Espíritu de ver a Cristo recibir la recompensa de Sus sufrimientos, que es la plena redención de Su Cuerpo, la Iglesia. Toda la creación gime por la revelación de los hijos de Dios. Como hijos, intercedemos para ver a toda la creación plenamente reconciliada, saliendo de la corrupción y entrando en unos cielos y tierra nuevos.

El intercesor entra en la sinfonía del sonido de la creación para presenciar la llegada de la redención plena, mientras el bautismo de agua y fuego deshace y rehace los cielos y la tierra como una nueva creación.

---

27   *systenazō* — Léxico griego Strong # G4959

Más sobre Rees Howells, el Intercesor

Como lo mencioné, Rees Howells (1879-1950) fue un evangelista e intercesor cristiano galés conocido por su gran fe y su vida de oración. Fue el fundador del Instituto Bíblico de Gales en Swansea, que se centraba en formar a personas para el ministerio cristiano mediante la oración y la fe.

Rees Howells es más conocido por su papel durante la Segunda Guerra Mundial, en la que él y los estudiantes del Instituto bíblico de Gales se dedicaron a interceder intensamente por el esfuerzo bélico. Oraron fervientemente por resultados concretos, como la protección de las tropas aliadas y la derrota de las potencias del Eje. Muchos atribuyeron a sus oraciones intervenciones milagrosas y victorias estratégicas durante la guerra.

La vida y el ministerio de Howells ejemplificaron una firme creencia en el poder de la oración y la fe en la provisión de Dios. Hizo hincapié en la importancia de rendirse a la voluntad de Dios y vivir una vida de obediencia y dependencia de Él. El legado de Howells sigue inspirando a los creyentes a profundizar en su vida de oración y a confiar en la fidelidad de Dios en cada circunstancia.

En la biografía actualizada de Norman P. Grubb sobre Rees Howells, titulada *Intercessor,* Howells explica que la primera ley de la intercesión es la *identificación*. Jesús se identificó con la humanidad haciéndose humano. Del mismo modo, mediante la intercesión, entramos en la vida de aquellos por quienes intercedemos, identificándonos con sus dolencias y necesidades. Este es un extracto de su libro sobre la intercesión en forma de cruz del Espíritu Santo:

> Como intercesor divino, que intercede por un mundo perdido, vació la copa de nuestra condición perdida hasta su última gota «para que, por la gracia de Dios, gustase la muerte por todos» (Hebreos 2:9). Para hacerlo, en el sentido más completo posible, se sentó donde nosotros nos sentamos. Asumiendo nuestra naturaleza, aprendiendo la obediencia a través de las cosas que padeció, siendo tentado en todo tal como somos nosotros, haciéndose pobre por nosotros y, finalmente, haciéndose pecado por nosotros, alcanzó la posición en la que —con la máxima autoridad como capitán de

nuestra salvación, perfeccionado a través de los sufrimientos, y la máxima comprensión de todo por lo que pasamos— puede vivir siempre para interceder por nosotros, y mediante súplicas eficaces al Padre «puede salvar perpetuamente a los que por él se acercan a Dios» (7:25). *La identificación es, pues, la primera ley de los intercesores.*[28]
(énfasis mío)

Rees Howells establece una conexión entre la identificación y la encarnación, porque Jesús se identificó con la humanidad al hacerse humano. Jesús, como intercesor divino, intercede por los perdidos poniéndose en su lugar y venciendo en su lugar mediante la intercesión de la cruz. Jesús, por tanto, traspasa el corazón del intercesor para que se apasione por una misión de oración concreta en la que sentirá la carga de la gente y orará hasta obtener la victoria.

Ganando la posición de autoridad

Hace años descubrí que estaba luchando contra la ansiedad y la preocupación. Cuando busqué al Señor para que me diera autoridad personal a través de la oración, obtuve una posición de autoridad. Entonces me di cuenta de que era algo que se movía en mi familia. Llegaba a casa del trabajo y sentía la misma ansiedad que había vencido, lo que me hacía sentir confundido. Empecé a comprender que la ansiedad que experimentaba no era mía. Aun así, discernía la ansiedad que se movía en la casa.

El Señor me permitió sentir la ansiedad de mi familia como si fuera mía por el amor que les tengo. Jesús sabía que yo lucharía por ocupar la misma posición de autoridad para ellos que había recibido para mí al identificarme con su ansiedad. Oré por su ansiedad como si fuera mía, ¡hasta que conseguí una posición de victoria para ellos! No solo me identifiqué con su ansiedad, sino que sufrí con su sufrimiento. No solo Jesús es el intercesor divino que demuestra ese arte de intercesión mediante la encarnación y su muerte en la cruz, sino que el Espíritu Santo, el Intercesor, nos hace identificarnos con aquellos por los que estamos llamados a orar, de modo que su carga arde en el corazón del intercesor.

---

28   Grubb, Norman. 2016. *Rees Howells, Intercessor.* CLC Publications.

Continuando, Rees Howells afirma que las tres leyes de la intercesión son *la identificación, la agonía y la autoridad*. Veamos cómo describe Rees Howells al Espíritu Santo, el intercesor:

Suplican eficazmente porque dan su vida por aquellos por quienes suplican. Realmente son sus representantes. Han dejado de lado sus intereses para sumergirse en los sufrimientos y necesidades de otros. En la medida de lo posible, han ocupado literalmente su lugar. Hay otro intercesor, y en Él vemos la agonía de este ministerio, ya que Él, el Espíritu Santo, «intercede por nosotros con gemidos indecibles» (Rom. 8:26). Este es el único Intercesor presente en la tierra que no tiene corazones sobre los que pueda depositar Sus cargas ni cuerpos a través de los cuales pueda sufrir y obrar, excepto los corazones y los cuerpos de aquellos que son Su morada.[29]

El intercesor lleva la carga del propio Intercesor, el Espíritu Santo, para que Él tenga un cuerpo a través del cual moverse en la tierra. Por eso todo el cuerpo de Cristo está llamado al ministerio de la intercesión. El Espíritu del Intercesor vive en nosotros. De nuevo, el objetivo central de la intercesión es que el Reino venga a la tierra como en el cielo.

Estas últimas palabras de Rees Howells describen la intercesión de la cruz con el poder y exactitud de un hombre que entregó su vida a interceder por las naciones, y ganó muchas batallas:

«A través de ellos, Él realiza Su obra intercesora en la tierra, y ellos se convierten en intercesores gracias al Intercesor que llevan dentro. Él los llama a una vida real, la misma clase de vida, en menor medida, que el propio Salvador vivió en la tierra. Pero antes de que Él pueda guiar a una vasija elegida a esa vida de intercesión, primero tiene que tratar hasta el fondo con todo lo que es natural: el amor al dinero, la ambición personal, el afecto natural por los padres y los seres queridos, los apetitos del cuerpo, el amor a la vida misma.

Todo lo que hace que incluso hasta quienes han nacido de nuevo vivan para sí mismos, para su propia comodidad, ventaja o progreso —incluso para su propio círculo de amigos— tiene que ir a la cruz. No

---

29   ibid.

se trata de una muerte teórica, sino de una crucifixión real con Cristo, como solo el propio Espíritu Santo puede convertir en experiencia real de Su siervo. Tanto la crisis como el proceso debemos hacer nuestro el testimonio de Pablo: "He sido crucificado con Cristo" (Gálatas 2:20). El yo debe liberarse de sí mismo para convertirse en agente del Espíritu Santo. *A medida que avanza la crucifixión, comienza la intercesión. Mediante cargas interiores y llamadas a la obediencia exterior, el Espíritu comienza a vivir Su propia vida de amor y sacrificio por un mundo perdido a través de Su canal purificado.*»[30] (énfasis mío).

La palabra intercesión en griego es is *hyperentygchanō*[31] y es una palabra poderosa que ayuda a comprender la intercesión del Espíritu según la voluntad de Dios. Significa interceder en favor de alguien. Se deriva del compuesto *hyper*[32] (en favor de uno; por el bien de) y *entygchanō*[33] (intercesión; golpear; salir al encuentro de una persona). Entygchanō también se deriva de un compuesto. Las dos palabras griegas *en*[34] (con, en o por) y *tygchanō*[35] (obtener, alcanzar, dar en el blanco con una jabalina o una flecha).

Considera la siguiente escritura teniendo en cuenta al Espíritu Santo, el Intercesor:

[26] Y de igual manera el Espíritu nos ayuda en nuestra debilidad; pues qué hemos de pedir como conviene, no lo sabemos, pero el Espíritu mismo *intercede* por nosotros con *gemidos* indecibles. [27] Mas el que escudriña los corazones sabe cuál es la intención del Espíritu, porque conforme a la voluntad de Dios intercede por los santos. Romanos 8:26-27 (énfasis mío)

Pablo está explica que, debido a las debilidades de nuestra mente, o básicamente a la incapacidad de comprender plenamente la voluntad de

---

30   ibid.

31   *hyperentygchanō* — Léxico griego Strong # G5241

32   *hyper* — Léxico griego Strong # G5228

33   *entygchanō* — Léxico griego Strong # G1793

34   *en* — Léxico griego Strong # G1722

35   *tygchanō* — Léxico griego Strong # G5177

Dios de hacer que nazca la nueva creación mediante el oír y expresar el gemido de la creación, el Espíritu Santo intercede a través de nosotros con un lenguaje de gemidos demasiado profundo para las palabras humanas. Su intercesión da en el blanco de los caminos de Dios e intercede a través de nosotros para que se cumpla la voluntad de Dios. Al someternos a la intercesión del Espíritu, empezamos a ser cautivados por la misma pasión. A través de la intercesión, somos transformados al encontrarnos con Jesús de formas nuevas.

La frase «dar en el blanco» mediante la intercesión no se refiere solo a recibir una respuesta a la oración, sino que también nos encontramos con una persona (el Espíritu de Cristo). Esta persona nos enseña a ser precisos en nuestra oración. La palabra «pecado» en griego es *hamartanō*[36] y significa errar el blanco. No dar en el blanco significa que todos hemos pecado y estamos destituidos de la gloria de Dios (Romanos 3:23). En cambio, la palabra hebrea para «enseñar» en Éxodo 24:12 es *yārâ*[37] y significa ¡dar en el blanco como un maestro arquero!

El Espíritu Santo, el Intercesor, es un maestro arquero que siempre da en el blanco cuando da testimonio del Hijo. Él es el Espíritu que nos recuerda que no somos huérfanos. Dar en el blanco nos ayuda a interceder como Jesús cuando nos reunimos con Él también en la oración. El Espíritu Santo da en el blanco al revelar los caminos de Dios a través del Hijo, haciéndonos más conscientes de nuestra herencia en Él. Cuando tenemos un encuentro con Él, no podemos seguir siendo los mismos. Su intercesión primero nos cambia y luego nos hace comprender lo que solo conocíamos en parte, y nos da un lenguaje para cosas que antes no podíamos articular.

Piensa en esas ocasiones en las que Dios te da una carga por algo, pero aun no puedes articular exactamente qué es. Entonces, sigues orando hasta que se puedes conocer la imagen que hay en el corazón del Señor para esa situación. ¡Eso es dar en el blanco! Lo que también está ocurriendo es que el Espíritu Santo nos está sanando de la debilidad de la mente a medida que nos da Su mente a través de la intercesión.

---

36 *hamartanō* — Léxico griego Strong # G264

37 *yārâ* — Léxico griego Strong # H3384

¿Cómo aplicamos esto a la intercesión colectiva?

Tomemos Hechos 13 como ejemplo de cómo dar en el blanco de la intercesión en la oración colectiva por un equipo o una iglesia:

> [1] Había entonces en la iglesia que estaba en Antioquía, profetas y maestros: Bernabé, Simón el que se llamaba Niger, Lucio de Cirene, Manaén el que se había criado junto con Herodes el tetrarca, y Saulo. [2] Ministrando estos al Señor, y ayunando, dijo el Espíritu Santo: Apartadme a Bernabé y a Saulo para la obra a que los he llamado. [3] Entonces, habiendo ayunado y orado, les impusieron las manos y los despidieron.
>
> Hechos 13:1-3

Antioquía servía de eje central de la iglesia, donde los discípulos se reunían para determinar la voluntad y la dirección de Dios en este momento de la narración. Era una época de transición, pues Pablo apóstol de los gentiles, estaba difundiendo el Evangelio. Mientras varios profetas y maestros se reunían en Antioquía, oraban, ayunaban y adoraban al Señor. Lo que me parece fundamental es que la Escritura no dice que se reunieran para recibir dirección (aunque la necesitaban). Lucas nos dice que estaban ministrando al Señor y ayunando. Mientras ministraban al Señor, el Espíritu Santo les hablaba.

La Escritura no dice que el Espíritu Santo les hablara a Pablo, Niger o Bernabé, sino que el Espíritu Santo dijo: «Apartadme a Bernabé y a Saulo para la obra a la que los he llamado». Esto indica que, mientras *todos* ministraban al Señor, el Espíritu hizo que dieran *juntos* en el blanco y los hizo ponerse de acuerdo para que Bernabé y Saulo fueran apartados y enviados a cumplir una misión.

Cuando los equipos y las iglesias se reúnen con una visión unificada para ministrar al Señor en oración, alabanza, adoración y ayuno sin una agenda preconcebida, están dispuestos a recibir la dirección del Señor sin prejuicios. Las debilidades de la mente (agendas preconcebidas) obstaculizarán el alumbramiento colectivo de la voluntad de Dios que se produce al percibir el corazón del Señor y concebir Su deseo de darlo a luz mediante la intercesión.

Algunos puntos clave para recordar:

- Cuando ministramos al Señor, podemos conocer su Voluntad.

- Cuando conocemos su voluntad, concebimos.

- La concepción nos embaraza de su deseo.

- Cuando estamos embarazados, tenemos dolores de parto para dar a luz a Sus promesas.

El torno del alfarero y el taburete de parto de la reforma

El cuerpo de Cristo se encuentra en medio de una nueva era en esta década y existe una necesidad crítica de pioneros y precursores que preparen el camino mediante la intercesión colectiva. Esta preparación para la reforma de la cultura del Reino es necesaria porque estamos a punto de recorrer juntos un camino que no hemos recorrido antes en esta generación.

En el libro de Jeremías, Dios ordena a Jeremías que baje a la casa del alfarero para que el Señor pueda revelar algo al profeta intercesor:

> [1]Palabra de Jehová que vino a Jeremías, diciendo: [2]Levántate y vete a casa del alfarero, y allí te haré oír mis palabras. [3]Y descendí a casa del alfarero, y he aquí que él trabajaba sobre la rueda. [4]Y la vasija de barro que él hacía se echó a perder en su mano; y volvió y la hizo otra vasija, según le pareció mejor hacerla.
> Jeremías 18:1-4

El alfarero creó una obra en el torno, que era una imagen profética para Jeremías sobre la nación de Israel. La obra en manos del alfarero es una vasija de barro colocada en el centro del torno del alfarero. ¡La palabra hebrea *mᵊlā'kâ*[38] significa obra, que proviene de la misma raíz que Reino, mensajero e incluso caminar! *Mᵊlā'kâ* procede directamente de la palabra *mal'āk*,[39] que significa ángel, mensajero o embajador.

Así pues, podemos concluir que la obra de barro en el torno del alfarero está siendo moldeada y formada en una vasija preparada para ser *embajadora* del Reino. La palabra hebrea «torno» solo se utiliza en

---

38   *mᵊlā'kâ* — Léxico hebreo Strong # H4399
39   *mal'āk* — Léxico hebreo Strong # H4397

dos lugares del Antiguo Testamento. Es aquí, en Jeremías,[40] y también en Éxodo 1:16, donde la palabra se utiliza para designar el taburete de parto en el que las mujeres hebreas dan a luz, asistidas por sus parteras. Aunque esta misma palabra hebrea se utiliza de dos formas distintas, creo que nos muestra una imagen profética.

Es en el lugar secreto e íntimo del discipulado donde la mano de Dios nos forma en el vientre profético a imagen de Cristo. Es en el torno del alfarero y en el taburete de la intercesión donde se experimentan los dolores del parto, mientras Dios nos prepara para dar a luz al comienzo de una nueva era.

No tengas miedo de iniciar tiempos intencionados de oración colectiva para ministrar al Señor. Así es como nos posicionamos para recibir la voluntad y el corazón del Padre como herencia. Al hacerlo, escuchamos atentamente Su voz para saber cuál es su deseo para nuestras familias, ciudades, regiones y naciones. ¡Qué el Cordero reciba la recompensa de sus sufrimientos!

Por consiguiente, Él es capaz de salvar a los que se acercan a Dios por medio de Él, ya que siempre vive para *interceder* por ellos.

Preguntas para reflexionar

- ¿Cuál es la correlación entre la palabra griega para intercesión, *entygchanō*[41] (dar en el blanco, Hebreos 7:25) y la palabra hebrea enseñar *yārâ*[42] (lanzar una flecha y dar en el blanco. Éxodo 24:12)?

- Un maestro arquero da en el blanco. ¿Cómo nos convertimos en «maestros arqueros» en la intercesión? Para que seamos eficaces en la intercesión, debemos conocer la naturaleza de nuestro Padre.

- Cuando compartí mi encuentro en relación con Apocalipsis 12:10 y el proceso de intercesión, ¿qué puedes aprender de esa experiencia y aplicarla a tu vida de oración?

---

40   *'ō̱ben* — Léxico hebreo Strong # H70

41   *entygchanō* — Léxico griego Strong # G1793

42   *yārâ* — Léxico hebreo Strong # H3384

Acerca del autor

Wayland es esposo, padre, escritor y amante de Jesús y de Su pueblo. Él y su esposa, Jeanette, son fundadores y líderes apostólicos de The Gathering Kingdom Center en Arlington, Texas, Greater Works Generation Ministries International y MJM Coaching & Consulting LLC. Wayland es miembro del Consejo Apostólico de Freedom Crusades International, con sede en Beaumont, Texas. Wayland es también profesor adjunto en el Christ For The Nations Institute en Dallas, Texas.

Amante de la Palabra y del Espíritu, cuenta con un Máster en Dirección Ejecutiva de Empresas y un Máster en Divinidad por la Liberty University.

Actualmente, Wayland está cursando un Doctorado en Ministerio sobre Semiótica y Cultura de la Iglesia en George Fox University.

Ha viajado por todo Estados Unidos y las naciones, equipando a líderes y evangelizando con el corazón deseoso de ver al cuerpo de Cristo renovado, restaurado y reformado.

Wayland ha escrito dos libros, Walking with God: Repairing the Breach & Restoring the Ancient Path of Discipleship and Racism y The Church and the Nation y está trabajando en su nuevo libro, Incarnational Discipleship.

Wayland y su esposa Jeanette residen actualmente en Arlington, Texas, con sus tres hermosos hijos: Jaleesa, Michael y Moriyah.

Acerca de Freedom Crusades
y Academia del Reino

Freedom Crusades es un ministerio de alcance mundial dirigido por su apóstol fundador, Jason Cattell, y el Consejo Apostólico de Freedom Crusades. El Consejo Apostólico está formado por apóstoles, profetas, evangelistas, pastores y maestros experimentados, dedicados a trabajar juntos para establecer el Reino de Dios en la tierra de forma global.

El latido del corazón de Freedom Crusades es servir al pueblo de cada nación donde el Señor guíe, llevando libertad, esperanza y sanidad. Desde su creación, a través de su rama evangelizadora, Freedom Crusades ha celebrado cruzadas masivas en Honduras, México, España y otras naciones centroamericanas. Actualmente, existen planes pendientes para varias cruzadas, con invitaciones adicionales de muchos otros países que piden ayuda para llevar la transformación a sus respectivas ciudades, regiones y naciones.

A través de su rama apostólica, Kingdom Alliance, Freedom Crusades también está llamado a ayudar y equipar a pastores y líderes de todo el mundo para que preparen a sus congregaciones locales para segar y discipular la cosecha de los últimos tiempos dentro de sus regiones, caminando en los dones y el poder del Espíritu Santo, con sólidos fundamentos bíblicos y relaciones sanas en el Reino.

Kingdom Academy es la rama de enseñanza y discipulado de Freedom Crusades. Ofrece enseñanza, formación y capacitación en línea, así como materiales utilizados en las misiones de Kingdom Alliance.

Nuestra misión es exaltar a Jesucristo a través del servicio para llevar al pueblo de Dios a un lugar en el que caminen en lo que están llamados a ser como Sus hijos e hijas capacitados. Nuestros esfuerzos se centran en dirigir a todas las personas hacia un encuentro personal con Jesucristo por medio del Espíritu Santo, y luego, como discípulos, enseñarles y equiparles para las obras del ministerio, de modo que todos los creyentes puedan ministrarse eficazmente unos a otros y a los perdidos.